Das Buch ist eine Scheibe

Unwahrheiten und Gedichte

Edition **BLOELFS**

Juckel
Henke

Das Buch
ist eine
Scheibe

Gereimte Unwahrheiten

Edition **BLOELES**

BIBLIOGRAFISCHE INFORMATION DER DEUTSCHEN BIBLIOTHEK:
DIE DEUTSCHE NATIONALBIBLIOTHEK VERZEICHNET DIESE PUBLIKATION IN
DER DEUTSCHEN NATIONALBIBLIOGRAFIE; DETAILLIERTE DATEN SIND IM
INTERNET ÜBER: http://dnb.d-nb.de abrufbar.

SÄMTLICHE ZITATE UND GEDICHTE SIND SATIRE UND IN ALLEN
BESTANDTEILEN FIKTION.

IMPRESSUM:
© 2019 JUCKEL HENKE

UMSCHLAGGESTALTUNG:
PABLO VAN KOCK

SPEZIELLER DANK AN:
DR. ULRIKE SCHLIEPER-MÜLLER
URSULA JENNEMANN-HENKE

HERSTELLUNG UND VERLAG:
BOOKS ON DEMAND GMBH, NORDERSTEDT
ISBN: 978-3-7504-1966-7

https://www.juckel-henke.de

Der Autor

Juckel Henke spielte bis 1971 als Amateurfußballer beim VfL Bochum (danach stieg der Verein direkt in die 1. Fußball-Bundesliga auf).

1981 gründete er das Bochumer Kabarett Dudeljöh Company.

Er arbeitete zwölf Jahre als Allzweckwaffe in der Schallplattenbranche (Einpacker, Auspacker, Importeur, Exporteur, Marketingfritze). Anschließend war er für einen Monat als Telefonverkäufer in einer Handelsagentur tätig (größter Erfolg: Verkauf von 100.000 Gartenzwergen an einen großen deutschen Discounter). Seine darauf folgende Karriere als Röhrenjeans-Model beendete er auf eigenen Wunsch.

Juckel Henke war außerdem als Projekt-Manager in einer Essener Werbeagentur tätig und ist zurzeit als freier Kulturschaffender, Journalist, Kabarettist, Autor und Moderator unterwegs.

Henke ist Autor von sieben Büchern, Texter, Ghostwriter und Sprecher von mehr als 1.500 Glossen und Radio-Comedys.

Schneller, höher, weiter. Wer heute gehört und gesehen werden will, greift gerne zu Mitteln der Übertreibung, Überhöhung, Überschätzung und zu Überholverboten.

Eine Nachricht, die zuerst über fluoreszierende Stoffe berichtet, ist die beste und erscheint bei Google & Co. natürlich auch an erster Stelle. Platz elf in der Suchmaschinenwelt hingegen wird kaum noch wahrgenommen. Wie bei dem altbekannten Spiel „Stille Post" macht der Weiterverbreitende daraus schon Fluorodisierung, der dritte Flurbereinigung und der letzte nur noch Flurreinigung.

Es tut gut, wenn man weiß, was ist Fake und was ist Wahrheit. Das gilt natürlich erst recht für Zitate.

Juckel Henke, der Meister der schrägen Buchtitel, hat einige Zitate unter die Lupe genommen und diese poetisch kommentiert.

Doch glauben Sie ihm kein Wort. Denn alles, was nun kommt, ist Satire und nichts anderes als Blödsinn.

Die Weisheiten in diesem Büchlein sollen zeigen, dass man nicht alles im Leben für bare Münze nehmen muss.

Denken Sie stets daran: Das Buch ist eine Scheibe!

„GLAUBEN SIE KEINEN SATZ, DER IN DIESEM BUCH STEHT. - AUCH DIESEN NICHT!"

PETER MARIA VON VERITAS

„DANN NEHME ICH EBEN DEN TRAMPELPFAD!"

GODZILLA

Godzilla stapft durch Tokyo,

ganz heimlich, still und leise,

und tritt dabei korrekt, bio,

in einen Haufen Scheiße.

Verdammt noch mal, das werd ich rächen,

ich trampel alles nieder,

lass Marmor und gar Eisen brechen,

und singe Wanderlieder.

„ICH GEHE DANN MAL ZUR
GRUNDSTEINLEGUNG!"

AL CAPONE

IM HAFENBECKEN VON PALERMO

VERNIMMT MAN BLUBBERND GLUCKSEN,

DA STECKT IM ANZUG, OHNE THERMO,

EIN MANN IN UNTERBUXEN.

NOCH ZUCKT ER, ZAPPELT MIT DEN ARMEN,

PLOPP, ES FÄLLT DIE PATRONE,

DER PIZZABÄCKER KAM AUS KAMEN,

DIE KUGEL KAM VON AL CAPONE.

„MAN SOLL DIE NACHT NICHT VOR DEM MORGEN LOBEN!"

DRACULA

DER TAG VERGEHT, ES TUT SCHON DÄMMERN,

DER MOND STEHT STILL UND LEUCHTET,

IM KELLER HÖRT MAN LAUTES HÄMMERN,

DORT UNTEN WIRD ENTFEUCHTET.

EIN SCHREI ERSCHÜTTERT MARK UND BEIN,

NANU, WAS DAS WOHL WAR?

AM HALS DES KLEMPNERS BLUTETS FEIN,

DIE NACHT LÄUFT GUT FÜR DRACULA.

„SUCHE KARTE FÜR HERBERT KNEBELS
AFFENTHEATER!"

KING KONG

ALS KING KONG DURCH ESSEN FUHR,

DA WAR SEIN WUNSCH EIN ZARTER,

IN EIN THEATER AN DER RUHR

ZU KNEBELS AFFENTHEATER.

IN REIHE VIER, LINKS VOR DER BÜHNE,

MAN SAH ES WIRKLICH GANZ GENAU,

SAß UNSER KONG, DER KING, DER KÜHNE,

IN SEINER HAND 'NE WEIßE FRAU.

„DIE SACHE HAT NUR EINEN HAKEN!"

KÄPTN AHAB

DIE SEE IST RAU, ES ZISCHT UND PLATSCHT,

DER KÄPTN KOCHT, IST WÜTEND, SCHREIT,

EIN WAL, HINTEN, STRENG BACKBORD KLATSCHT

DIE FLOSSE AN DAS BOOT, ES NEIGT.

DAS TIER TAUCHT FORT, DES KÄPTNS ARM

HÄNGT MITTEN DRIN IM VIEH,

DER WAL SCHWIMMT SICH SCHON EINMAL WARM,

NUN FÄHRT HERR AHAB WASSERSKI.

„DER RUNDE MUSS INS ECKIGE!"

KIM JONG-UN VORM DIXI-KLO

Kaum ein Mensch in Nordkorea

kennt so Produkte wie Nivea,

kennt kein Maggi, kein Pürree,

erst recht kein Sahnekekssouflee.

Doch Westliches in Kim Jongs Magen

hat Kim Jong wohl un-vertragen,

denn im Getränk vom Cafe Stacher

war Leinsamöl von Seifenbacher.

„UND DANN HABE ICH GENICKT!"

MARIA STUART

SIE RAUCHT DIE LETZTE ZIGARETTE,

GENIEßT, ZIEHT TIEF UND ATMET AUS,

GEHT SCHNELL NOCH MAL ZUR KNASTTOILETTE

UND TRITT DANN IN DIE KÄLTE RAUS.

SCHON FÄLLT ER AUF BRITANNIENS ERDE,

NOCH SCHLIMMER ALS DER BREXIT,

GETROFFEN, SCHEIßE, SHIT UND MERDE,

DER KOPF, ER ROLLT UND AUS UND EXIT.

„Ist heute Donnerstag oder Samstag, Freitag?"

Robinson Crusoe

Die Woche ist schon fast vorbei,

der Samstag und der Sonntag naht,

das ist dem Freitag einerlei,

und auch der Dienstag wird recht fad.

Am Mittwoch und am Donnerstag

steht Robinson ganz nah am Riff,

mit Blick aufs Meer, das er nicht mag,

selbst am Montag naht kein Schiff.

„FRAU, SCHREI MICH NICHT SO AN!"

EDVARD MUNCH

In Norwegen in manchen Wintern,

da wird es soetwas von kalt,

Eiszapfen hängen dann am Hintern,

Dünnschiss ist nicht schön im Wald.

Die Hose hängt noch halb am Ast,

da kommt ein Wolf vorbei,

Diarrhoe ist stark verhasst,

im Wald ertönt ein lauter Schrei.

„WIR PAFFEN DAS!"

BOB MARLEY

Jamaika, Reggae, Drogen,

alles pures Vorurteil,

Sonne, Wasser, Palmenbogen,

super, easy, supergeil.

Wenn man dabei ein Pfeifchen raucht,

gestopft mit Frucht vom Hanf,

vergeht einem das Vorurteil, man haucht

es raus in Qualm und Dampf.

„ICH GEHE DANN MAL ZUR RANKENGYMNASTIK, JANE!"

TARZAN

Tschöh, Tarzan, draußen ist es kalt,

du musst den Kopf dir schützen,

der Winter naht, er kommt alsbald,

da helfen nur noch Mützen.

Die Mütze dort auf Tarzans Haupt,

die ist nicht aus Pepita,

die Kälte hat es ihm erlaubt,

die Mütze ist aus Cheeta.

„TARZAN, DU SCHUFT! DU WARST GAR
NICHT ZUR RANKENGYMNASTIK, DU
WARST BEI LIANE!"

JANE

DER TARZAN IST EIN ALTER SCHUFT,

ER HAT MICH OFT BETROGEN,

IM GEBÜSCH, SELBST IN DER GRUFT,

DAZU HAT ER GELOGEN.

DER SACK HAT MICH BRUTAL VERLASSEN,

ER BLEIBT NUN BEI LIANE,

ICH WILL UND KANN ES GAR NICHT FASSEN,

MIR BLEIBT NUR DIE BANANE.

„WARUM SOLLTE ICH DEN LUKAS HAUEN?"

JIM KNOPF

Als der Jim zur Kirmes ging,

auf Lummerland im Herbst,

ein Schild an einem Pfahle hing,

da hat ers sich verscherzt.

„Hau den Lukas!", stand geschrieben,

doch schon bevor er schlug,

lag er da und blieb auch liegen,

bei Lukas unterm Kirmeszug.

„... SO WAHR MIR GOTT HELFE!"

FRITZ TEUFEL

KOMMUNE 1, KOMMUNE 2,

WIR HATTEN STÄNDIG SPAß,

UND AUCH IN DER KOMMUNE 3,

MIT USCHI, RAINER, LARS.

UND SELBST IN DER KOMMUNE 4,

MAN SOFF UND SANG UND GRIENTE,

SCHNAPS UND WEIN UND SEKT UND BIER,

WEIL ES DER WAHRHEITSFINDUNG DIENTE.

„Ich, Findelkind? Das halte ich für eine Binsenweisheit"

Moses

Ihr könnt nicht schwimmen, seid zu faul,

ihr seid zu blöd zum Gehen,

dann kommt zu mir und Bruder Paul,

dann werdet ihr schon sehen.

Das Meer, es wird sich vor euch teilen,

ein Pfiff, ein Schrei, dann ist es gut,

ihr müsst euch aber sehr beeilen,

denn nach der Ebbe kommt die Flut.

„Vor mir die Sintflut!"

Noah

Immer nur zwei, ist das jetzt klar,

das gilt auch für Nilpferde,

ach so, ihr zwei seid ja schon da,

wo ist der Rest der Herde?

Das Schiff legt ab, biegt um das Eck,

und nachdem das Nashorn springt,

landet es krachend auf dem Deck,

die Arche Noah darauf sinkt.

„LÜGEN HABEN KURZE BEINE, DU HAMPELMANN!"

PINOCCHIO

LÜGEN HABEN KURZE BEINE,

GROBE SCHMIERWURST SCHMECKT WIE FEINE,

BORSTEN HABEN SCHWEINE KEINE,

DIE GLOCKE IST VON HEINRICH HEINE.

FALSCH, SO SPRICHT PINOCCHIO,

IN WIRKLICHKEIT IST DAS NICHT SO.

DENN VOM LÜGEN WIRD MIR BANG,

SCHWUPPS, SCHON IST DIE NASE LANG.

„Damit habe ich nicht gerechnet!"

Adam Riese

UNBEWUSST RECHNET ADAM RIESE:

3 PLUS 2 PLUS 4 UND DIESE

7 NIMMT ER ZUM QUADRAT,

48? WOMIT ER SICH VERRECHNET HAT.

DENN 3 PLUS 2 PLUS 4 SIND 8,

DIE UHR SCHLÄGT 11 UM MITTERNACHT.

BEMERKEN MÖCHTE ICH ZULETZT,

ADAM RIESE WIRD ÜBERSCHÄTZT.

„DA FEHLEN MIR DIE WORTE!"

KONRAD DUDEN

DER GRISLYBÄR SCHREIBT SICH NICHT SO,

ES APPELLIERT HERR DUDEN,

DIE SCHIFFFFAHRT WIRD VOLL F´S NICHT FROH,

ES HEISST NICHT DÖHNERBUDEN.

UND GANZTAGS KORREGTUR ZU LESEN,

IST GANZ UND GARNICHT SCHÖN,

EIN LEHRZEICHEN WÄRE GUT GEWESEN,

EIN H TÄT GUT DEM FÖN.

UND PUPENALLEE MIT EINEM P,

O MAN, WAS TÄT DAS STINKEN,

DEM MANN DEM FEHLT DAS N, O W,

ICH GEH GEZZ EINEN TRINKEN.

„DAS DING AN SICH IST GUT, DAS DONG GEFÄLLT MIR ABER NICHT!"

IMMANUEL KANT BEIM KLINGELKAUF

Wenn Schopenhauer, Hegel, Kant

zu dritt philosovierten,

Unglaubliches und Allerhand,

die Stimmen stets vibrierten.

Der eine laut, der andere still,

nur eines, ja, das wussten sie,

man kann es drehen, wie man will,

Erkenntnis bleibt stets Theorie.

> „ICH HABE EUCH LÄNGST ALLE DURCHSCHAUT!"
>
> WILHELM CONRAD RÖNTGEN

"Schau, Wilhelm, ich hab abgenommen",

sprach nach dem Röntgen Bertha.

"Das siehst du leider zu verschwommen,

das Leben, das ist härter.

Ich würde es dir gerne glauben,

doch du bist leider viel zu fett,

muss dir die Illusionen rauben,

denn was du siehst, ist dein Skelett."

„MEINE FREUNDINNEN SIND DIE
REINSTEN TRANSUSEN!"

MOBY DICK

WER DEN WAL HAT, HAT DIE QUAL,

DACHTE SICH DER GEILE FISCH,

ENTSCHUPPTE SICH MIT EINEM MAL,

LAG PLÖTZLICH NACKEND AUFM TISCH.

"WIE IST DEIN NAME?",

"MEINE DAME, ICH HEIß MOBY DICK."

"ICH BIN KEINE DAME,

ICH BRAUCH NUR NEN FICK!"

„WIESO? IM FERNSEHEN WIRD DOCH AUCH IMMER ALLES WIEDERHOLT!"

DAS MURMELTIER

ICH MURMEL WIE EIN URMEL,

ICH STAMMEL WIE EIN HAMMEL,

ICH MÜFFEL WIE EIN BÜFFEL,

ICH RUH WIE EIN GNU.

ICH BIN GERN AM MUDDELN,

AM KUDDELN UND BUDDELN.

LEUTE, IHR MÜSST MICH SCHON VERSTEHN,

DAS WÜRD ICH GERNE NOCH EINMAL SEHN!

„Mein Fehler!"

Siegmund Freud

EIN GEDICHT ÜBER FREUD?

IM UNTERBEWUSSTSEIN

HABE ICH ES BEREUT.

TUT MIR LEUT!

„SOLL ICH EUCH MAL WAS VERRATEN?"

JUDAS

Es krähte dreimal auf dem Mist,

was kein gutes Zeichen ist,

Judas sagte: "ich muss aufs Klo."

Aber in echt war das nicht so.

Mit Abendmahl wars nun vorbei,

das fand Herr Jesus gar nicht so schön,

aß noch zwei Brötchen und ein Ei,

um von Pontius nach Pilatus zu gehen.

„DER 100-METER-LAUF WAR FÜR MICH
IMMER EIN NO-GO!"

USAIN BOLT

Handy heult auf,

Bolt geht ran,

Frau nicht gut drauf,

zieht sich schnell an.

"Bin noch bei Peter,

quatsche, mach Pause,

nur zwei Kilometer?

in 12 Sekunden bin ich zu Hause."

„Das es hier still sein soll, halte
ich für ein Klischee!"

Henry Miller

In Clichy war es gar nicht schön,

beraubt von zwei Ganoven,

klaute man uns einst den Föhn,

und wir waren die Doofen.

Als wir da geknebelt lagen,

das ist überhaupt keine Frage,

im Kofferraum, im kleinen Wagen,

da hatten wir echt stille Tage!

„ICH KANN ES EINFACH NICHT MEHR HÖREN!"

VINCENT VAN GOGH

Van Gogh malte bunt und ufernah,
Wellblech und Garagen,
mal grausam und mal wunderbar,
und manchmal auch Blamagen.
Er malte schwarz, er malte weiß,
er malte bunt und scheckig,
er malte wirklich jeden Scheiß,
mal sauber und mal dreckig.

Er malte auch den Mummenschanz,
er malte dicke Tiere,
er malte jeden Firlefanz,
er malte dunkle Biere.
Nur Kaffee malen war nicht drin,
er malte lieber Tee,
es kam ihn gar nicht in den Sinn,
oje, ojemine!

„DER REFORMATIONSTAG WIRD AUCH
IMMER GRUSELIGER!"

MARTIN LUTHER

Die Ekelhürde überwinden,
herzallerliebst zu Helloween,
Quallengelee im Herbstlaub finden,
das ist so manchen Grufties Spleen.

Der eine, andre hohle Kopf,
wird flugs ins Fenster gestellt,
darauf dann noch ein alter Topf,
und alles erstrahlt, erhellt.

Der Brauch kommt aus den USA,
und wie ein jeder weiß,
kommt alles wirklich nur von da,
wie jeder große Scheiß.

„MEINE JÜNGER WERDEN AUCH NICHT MEHR JÜNGER!"

JESUS

Mensch, Leute, wie seht ihr denn aus?

Ergraut, die Haare lang, vergammelt.

Auf euren Häuptern wohnt die Laus,

ich glaub, ihr habt zu viel gerammelt.

Und das ist gut, seid nicht bescheuert,

wir brauchen jetzt Innovationen,

damit die Kirche sich rundum erneuert,

denn Glauben muss sich wieder lohnen.

„ICH WOLLTE NIE DAS ZÜNGLEIN AN
DER WAAGE SEIN!"

ALBERT EINSTEIN

"OH MANN, OH MANN, OH JUNGE, JUNGE.

ICH BRAUCH NEN ARZT, NEN HNO,

ICH HAB NE GANZ BELEGTE ZUNGE,

ICH MUSS WOHL KRANK SEIN ODER SO."

"SIE SIND NICHT KRANK, ICH BITTE SIE",

LACHTE DER DOKTOR, DEN ICH RIEF,

"DAS IST DOCH ALLES THEORIE

UND SELBST DIE IST NUR RELATIV."

„So mein Herr, Ihre Cola, das Eis kommt gleich!"

Fritz Meuser, Kellner auf der Titanic

Ruhig fährt das Schiff durchs weite Meer,

nichts deutet auf ein Unglück hin,

im Unterdeck geht es hoch her,

es wird gesoffen, ohne Sinn.

Und plötzlich sind die Planken nass,

es knirscht und knarrt in jeder Ritze,

Kreuzfahrten machen selten Spaß,

vom Eisberg sieht man nun die Spitze.

„... UND STELLT EUCH VOR, DANN IST
MIR DOCH TATSÄCHLICH DIESER
KARLSSON BEGEGNET!"

MARY POPPINS

Wer auf fremden Dächern wandelt,

und das mit aufgespanntem Schirm,

sicherlich fahrlässig handelt,

ist nicht ganz klar in seinem Hirn.

Im Krankenhaus wird sie dann wach,

man weiß es hier und überall,

rechts vor links gilt auf dem Dach,

Tja, Weisheit kommt erst nach dem Fall.

„UND DANN SIND UNS IRGENDWANN MAL DIE SPORTGERÄTE AUSGEGANGEN!"

ROCCO HIEBSCHER, FECHTTRAINER EHEM. DDR

Vorbei mit der Medaillenflut,

vorbei mit Silber, Bronze, Gold.

Wir haben Titel satt geholt,

mit Degen und Florett und Mut.

In Scharen pflügen, das ist härter,

Kartoffeln, Korn und Runkelrüben,

es war nicht alles schlechter Drüben,

uns fehlten nur die Schwerter.

„ZU DUMM, UNSERE KARTOFFELN SIND
VIEL ZU DICK!"

FRANZ AGRICOLA, LANDWIRT

Zawumm! Es kracht in der Friteuse,

das Öl ist heiß, die Bude brennt,

Friteuse zerbirst mit Getöse,

der Bauer lacht, es brennt sein Hemd.

Im Stall stinkt es nach Pferdedung,

es brennt gar schlimm im Heue,

das zahlt dann die Versicherung,

dies nennt man Bauernschläue.

„HABEN WIR UNS SCHON MAL GESEHEN?"

YETI ZUM VOLPERTINGER

KEIN MENSCH HAT UNS BISHER GESEHEN,

UNS GIBT ES AUCH IN KEINEM ZOO,

DA MÜSST IHR HOCH UND HÖHER GEHEN,

DORT KENNT UNS BESTENFALLS EIN FLOH.

WIR SIND BEKANNT WIE BUNTE HUNDE,

BERÜHMTER ALS MANCH FREISTILRINGER,

FRAGT DOCH MAL IN EURER RUNDE,

NACH YETI UND DEM VOLPERTINGER.

„Ihr werdet es nicht glauben, wen ich gestern getroffen habe!"

Wilhelm Tell

Wird es in der Schweiz früh hell,

seid vorsichtig allein im Wald,

denn sonst trifft euch Wilhelm Tell,

und dann werdet ihr nicht alt.

Tragt Haare offen - oder Zopf,

bewegt euch möglichst nicht,

stellt keinen Apfel auf den Kopf,

wenn doch? Schad' ums Gesicht.

„WARUM SOLLTE MEIN AUSWEIS NICHT
ECHT SEIN?"

THOMAS MUSTERMANN

"Paul, komm! Sieh dir das mal an,

ich kann es gar nicht fassen,

schon wieder wer von Mustermann,

solln wir den rüber lassen?"

"Wieso denn nicht, habt ihr gesoffen,

ist es nicht wirklich wunderbar?

Die Grenzen sind für alle offen

und Drüben wartet Erika."

„SCHATZ, ICH BESORGE MAL EBEN FUGENWEIß!"

JOHANN SEBASTIAN BACH

WER HARFE SPIELT UND FLÖTE PFEIFT,

MAL HÄRTER UND MAL WEICHER,

DER WIRD VOM JOHANN ANGEKEIFT:

"DANN WERD DOCH BESSER STREICHER!"

GEKRÄNKT DENKT ER: "OH WELCH EIN SCHEISS,

WISST IHR, WAS ICH JETZT MACH?

KAUF KACHELN MIR UND FUGENWEISS

UND FLIES DAS BAD VOM BACH!"

„LEUTE, KAUFT MAJO TSE TUNK!"

FRÜHLINGSROLLEN-DIP-VERKÄUFER, PEKING

INNOVATION WIRD GROSS GESCHRIEBEN,

FASTFOOD BOOMT IN ASIENS OSTEN,

KARTOFFELN WERDEN KLEIN GERIEBEN,

DANN SCHMECKT ES WIE IN BOSTON.

"OHNE SAUCE WIRD DATT NIX!",

DRÖHNT WERBUNG AUS DEM FUNK,

"TAUCHT EURE ROLLEN, ABER FIX,

IN DEN DIP "MAJO TSE TUNK!"

WEITERE VERÖFFENTLICHUNGEN:

DIE BORDSTEINTAUBEN VON VENEDIG - BRUSKETTAS
FÜNFTAUSENDVIERHUNDERTDREIUNDZWANZIGSTER FALL
2017 BEI BOOKS ON DEMAND / ISBN: 978-3-74448-1293-1

WER MÖCHTE DENN SCHON WIE HERR MÜNCH HAUSEN? -
LÜGENGESCHICHTEN VON JUCKEL HENKE
2015 BEI BOOKS ON DEMAND / ISBN: 978-3-7386-0809-0

HEDWIGS MANN WAR KURZ MALER – 30 KOMISCHE GESCHICHTEN
2012 BEI BOOKS ON DEMAND / ISBN: 978-3-8482-1294-1

BEATE HATTE EIN ÜBERBEIN – UND SIE TANZTE DEN LANGSAMEN
WALZER ZU SCHNELL
2011 BEI BOOKS ON DEMAND / ISBN: 978-8423-2836-5

FRAUEN, DIE NACH SCHINKEN STINKEN
HERAUSGEGEBEN VON VITO VON EICHBORN,
2009 IN DER EDITION BOD, BEI BOOKS ON DEMAND /
ISBN: 978-3-8370-5333-3

SONZ WAR JA NIX - ICH BIN WEG!!!
EIN GLOSSENSAMMELSURIUM
TEXTE VON URSULA JENNEMANN-HENKE & JUCKEL HENKE
1997 BEI: 999 VERLAGSGESELLSCHAFT IN ESSEN, / VERGRIFFEN (AB UND
ZU IM ANTIQUARIAT ERHÄLTLICH)

Die Bordsteintauben von Venedig

Ein Kriminalroman von Juckel Henke

WENN ES NACHT WIRD, SCHWIMMT COMMISSARIO BRUSKETTA VON DER MORDKOMMISSION VENEDIG GERNE EIN PAAR RUNDEN DURCH DIE KANÄLE DER LAGUNENSTADT. DAS BRAUCHT ER ZUR ENTSPANNUNG. DENN IN VENEDIG HERRSCHT EIN UNERBITTLICHER BANDENKRIEG ZWISCHEN DEUTSCHEN UND ITALIENISCHEN VERBRECHERN. ALS EINE DER SCHÖNSTEN BRÜCKEN DER STADT IN DIE LUFT FLIEGT, HÖRT MAN DEN KOMMISSAR LAUT SEUFZEN. DOCH DAS IST ERST DER ANFANG. DER ITALIENISCHE GEHEIMDIENST UND EINE SONDERKOMMISSION ERMITTELN IN EINEM RÄTSELHAFTEN FALL, DER EINE DER SCHÖNSTEN UND DENNOCH DUNKELSTEN STÄDTE ITALIENS IN ANGST UND SCHRECKEN VERSETZT. ES GEHT UM FLEISCH, ES GEHT UM GELD. VIEL GELD. OB MORD, OB TOTSCHLAG, OB TIERQUÄLEREIEN, OB ERPRESSUNG, OB DIEBSTAHL, DIE MORDKOMMISSION IN VENEDIG HAT ALLE HÄNDE VOLL ZU TUN. KURZ VOR DEM BESUCH DES NEUEN PAPSTES KOMMT ES AUF DEM MARKUSPLATZ ZU EINEM GRAUSAMEN ZWISCHENFALL. EIN PASTOR FÄLLT VOM HIMMEL. AUCH AUF DER VORGELAGERTEN GEISTERINSEL POVEGLIA SPIELEN SICH MERKWÜRDIGE DINGE AB. SELBST DEN TAUBEN VON VENEDIG, DIE AUF DEN BORDSTEINEN SITZEN, GEHT ES AN DEN KRAGEN. UND ZWAR NICHT NUR DEN KRAGENTAUBEN. SCHWERE ZEITEN FÜR COMMISSARIO BRUSKETTA.

Wer möchte denn
schon wie Herr
Münch hausen?

Lügengeschichten von
Juckel Henke

GANZ IN UNSERER NÄHE, MITTEN IN DEUTSCHLAND, LEBT MANNI MÜNCH. IN SEINER EINRAUMWOHNUNG, DIE IHM GLEICHZEITIG ALS WERKSTATT DIENT, SCHRAUBT ER TAGEIN UND TAGAUS. NUR NACHTS, DA SCHLÄFT ER ZWISCHEN ALL SEINEM SCHROTT, DER SICH IM LAUFE DER JAHRE ANGESAMMELT HAT. SEIN GROSSES ZIEL IST ES, KÜNSTLICHE INTELLIGENZ ZU ERSCHAFFEN. DENN IN ABSEHBARER ZEIT WERDEN IMMER MEHR MASCHINEN UNSER LEBEN BESTIMMEN. DIE ROBOTER BESTEHEN AUS METALL, KABELN, SCHRAUBEN UND PLATINEN. MAN KANN SIE ALSO NOCH VOM MENSCHEN UNTERSCHEIDEN. DOCH DAS WILL MANNI MÜNCH ÄNDERN.

NACHDEM SEIN LIEBLINGSVEREIN MAL WIEDER AUS DER 1. FUSSBALL-BUNDESLIGA ABGESTIEGEN IST, KOMMT ES ZU EINER ÜBERRASCHENDEN BEGEGNUNG. MANNI TRIFFT ALTE FREUNDE WIEDER. MAN HAT SICH VIEL ZU ERZÄHLEN.

... «WENN WIR SCHON EINMAL DABEI SIND», SAGTE MANNI, «DANN LASS MICH AUCH MAL ERZÄHLEN, DENN MEINE NEFFEN UND NICHTEN BEHAUPTEN, DASS ICH DER GRÖSSTE LÜGENERZÄHLER VONNE GANZE WELT BIN. PASS AUF, DA IST DIE GESCHICHTE MIT DEM PICKELBESCHWÖRER.» ...

FINANZKRISEN, SINKENDE WAHLBETEILIGUNG, POLITIKVERDRUSS, WUTBÜRGER, SOZIALE GERECHTIGKEIT. FÜR ALL DAS UND FÜR NOCH VIEL MEHR HABEN WIR IN DEUTSCHLAND SOGENANNTE EXPERTEN. MÄNNER UND FRAUEN, DIE UNS MIT IHREM GENÖLE UND GENERVE AUF DEN GEIST GEHEN. DUMMSCHWÄTZER UND ALLERWELTSDILETTANTEN.

WERFEN SIE IHREN FERNSEHER AUS DEM FENSTER, VERZICHTEN SIE AUF DIE TAGESZEITUNG. ES IST AN DER ZEIT, SICH MIT DEN WAHRLICH UNWICHTIGEN DINGEN DES LEBENS EINMAL AUSFÜHRLICHER ZU BEFASSEN:

WAS MACHT ZUM BEISPIEL EIN FRISEUR MIT 25 KUGELSCHREIBERFEDERN? WARUM SITZT EIN EINÄUGIGER BEO IM PAPAGEIENKÄFIG?. UND WER VERBIRGT SICH EIGENTLICH HINTER DEM SCOTT UND DEM BASS-JOE? FRAGEN ÜBER FRAGEN.

BEATE WIELAND KOMMT AM 13. MAI 1970 ZUR WELT. AM TAG DARAUF BEFREIT DIE RAF DEN KAUFHAUS-BRANDSTIFTER ANDREAS BAADER SPEKTAKULÄR AUS DEM GEFÄNGNIS. BEREITS AN IHREM ZWEITEN LEBENSTAG MACHT BEATE BEKANNTSCHAFT MIT DER POLIZEI. DAS PRÄGT. 1989 TRÄGT SIE MIT DAZU BEI, DASS DIE NEUN JAHRE ÄLTERE TÄNZERIN PEGGY BRIESEN AUS DER DDR IN DEN WESTEN FLIEHEN KANN. DANACH KREUZEN SICH DIE WEGE DER BEIDEN FRAUEN IMMER WIEDER. WÄHREND ES BEATE WIELAND NACH ÖSTERREICH VERSCHLÄGT, MACHT PEGGY BRIESEN IN DEUTSCHLAND POLIT-KARRIERE. BEATE VERLIEBT SICH HALS ÜBER KOPF IN DEN TIROLER NATURBURSCHEN PEPPI MOSER. DER BEGINN EINER GROSSEN LIEBE. EIN SCHEINBAR GANZ NORMALES LEBEN. WÄRE DA NICHT NOCH DIE GESCHICHTE MIT DEM ÜBERBEIN UND DEM LANGSAMEN WALZER. EIN HINREISSEND KOMISCHER WESSI-OSSI-ÖSI-ROMAN, IN DEM NATÜRLICH AUCH DER YETI EINE WICHTIGE ROLLE SPIELT.

Sylvia Stuben ist bereits im Alter von 30 Jahren zur Filialleiterin bei einem großen deutschen Kreditinstitut aufgestiegen. Plötzlich geht es rasant abwärts. Ende der 90er Jahre bricht zunächst das Börsenfieber aus und anschließend der Neue Markt zusammen. Sie verliert ihren Arbeitsplatz. Nach langer Jobsuche nimmt sie in einem kleinen Supermarkt eine Stelle als Fleisch- und Wurstwarenfachverkäuferin an. Sie lernt Roman Schreiber kennen, der an einem Buch über einen Lebensmittelskandal schreibt. Sylvia wird in eine ebenso rasante wie verrückte Kriminalgeschichte hineingezogen. Eine international tätige Bande jagt Roman und Sylvia, die im Besitz einer höchst brisanten Formel sind. Die Jagd geht kreuz und quer durch die Welt und endet schließlich im Bochumer Schlachthof.

1989 STARTETE DIE ZECHE IN BOCHUM EINE WÖCHENTLICHE KABARETT-REIHE MIT DEM TITEL „5 NACH 12". AN 20 FREITAGEN STELLTEN DORT KABARETTISTEN, SCHAUSPIELER, LITERATEN, UND ZAUBERER AUS DEM RUHRGEBIET AUSSCHNITTE AUS IHREN AKTUELLEN PROGRAMMEN VOR. DAS GANZE SPIELTE IN EINER NACHGEBAUTEN BAHNHOFSKNEIPE. DIE KÜNSTLER (U.A. TANA SCHANZARA, HELGE SCHNEIDER, INGO NAUJOKS, DER TELÖK, ETC.) WURDEN VON JUCKEL HENKE, ALIAS HEINZ KOWALLEK, DER DORT ALS MODERIERENDER OBERKELLNER ARBEITETE, DURCHS PROGRAMM BEGLEITET. 1990 GING DER RADIOSENDER „RUHRWELLE BOCHUM", HEUTE „98,5 RADIO BOCHUM" AUF SENDUNG. DIE BÜHNENFIGUR HEINZ KOWALLEK WURDE ZUR ERFOLGREICHEN RADIOFIGUR. STETS DABEI : SEINE TANTE ELLA, DIE IHN IN DEN GLOSSEN BEGLEITETE. BIS 1997 ENTSTANDEN SO RUND 800 RADIOGLOSSEN, WOVON EINE AUSWAHL IN DIESEM BUCH ZU FINDEN IST.

Spezieller Dank an:

Ursula Jennemann-Henke
Dr. Ulrike Schlieper-Müller
Mama Henke (Ohne Dich kein Ich)

Grüße gehen an:

Uschi & Utz & Gibbon (Ohne euch keine Dudeljöh Company)
Klaus & Ulli (Ohne euch keine Lesebühne)
Heike & Thomas & Luca & Linda & Mowgli
Harald & Anne
Anne Behrenbeck & Team (LiO - Lesebühne im Haus Oveney)
Fritze & Franze
an die AutorenkollegInnen von "Wir schreiben in Bochum"
und natürlich an alle Veranstalter, die mir in den letzten Jahren
die Gelegenheiten gegeben haben, dort lesen zu dürfen.